Contents

Recipe No.	Starters	Soups & Stocks	Main Courses	Side Dishes					
1									
2									
3									
4									
5									
6									
7									
8									
9									
10									
11									
12									
13									
14									
15									
16									
17									
18									
19									
20									
21									
22									
23									
24									
25									

Recipe No.	Starters	Soups & Stocks	Main Courses	Side Dishes	Desserts	Drinks			
26									
27									
28									
29									
30									
31									
32									
33									
34									
35									
36									
37									
38									
39									
40									
41									
42									
43									
44									
45									
46									
47									
48									
49									
50									

Recipe No.	Starters	Soups & Stocks	Main Courses	Side Dishes	Desserts	Drinks	[Personal Preference]	[Personal Preference]	[Personal Preference]
51									
52									
53									
54									
55									
56									
57									
58									
59									
60									
61									
62									
63									
64									
65									
66									
67									
68									
69									
70									
71									
72									
73									
74									
75									

Recipe No.	Starters	Soups & Stocks	Main Courses	Side Dishes	Desserts	Drinks	[Personal Preference]	[Personal Preference]	[Personal Preference]
76									
77									
78									
79									
80									
81									
82									
83									
84									
85									
86									
87									
88									
89									
90									
91									
92									
93									
94									
95									
96									
97									
98									
99									
100									

Vegetarian ○   Free from: Gluten ○ Dairy ○ Sugar ○ Fat ○

Recipe for:

1

Ingredients:

- _____
- _____
- _____
- _____
- _____
- _____

- _____
- _____
- _____
- _____
- _____
- _____

Method:

_____
_____
_____
_____
_____
_____
_____
_____
_____
_____
_____
_____
_____
_____

Notes:

Origin:

🌐/👤 _____

Serves:

1 2 3 4 5 6 +

Time:

🕐 Prepare: _____
🕐 Cook: _____

Cooking Style:

Accompaniments:

🍴 _____
🍷 _____

Nutrition:

kcal: _____
Carbs: _____
Protein: _____
Fat: _____

Ratings:

Difficulty: 1 2 3 4 5

Success:

2

Recipe for:

Origin:

🌐/👤 _____

Serves:

1 2 3 4 5 6 +

Time:

🕐 Prepare: _____

🕐 Cook: _____

Cooking Style:

Accompaniments:

🍴 _____

🍾🍷 _____

Nutrition:

kcal: _____

Carbs: _____

Protein: _____

Fat: _____

Ingredients:

- _____
- _____
- _____
- _____
- _____
- _____

- _____
- _____
- _____
- _____
- _____
- _____

Method:

_____
_____
_____
_____
_____
_____
_____
_____
_____
_____
_____

Ratings:

Difficulty: 1 2 3 4 5

Success: ☹ 😐 🙂

Notes:

Vegetarian ○   Free from: Gluten ○   Dairy ○   Sugar ○   Fat ○

Recipe for:

3

Ingredients:

- _____
- _____
- _____
- _____
- _____
- _____

- _____
- _____
- _____
- _____
- _____
- _____

Method:

_____

_____

_____

_____

_____

_____

_____

_____

_____

_____

_____

_____

_____

_____

_____

Origin:

🌐/👤 _____

Serves:

1 2 3 4 5 6 +

Time:

🕐 Prepare: _____

🕐 Cook: _____

Cooking Style:

Accompaniments:

🍴 _____

🍶🍷 _____

Nutrition:

kcal: _____

Carbs: _____

Protein: _____

Fat: _____

Notes:

Ratings:

Difficulty: 1 2 3 4 5

Success:

4

Recipe for:

Origin:

🌐 / 👤 _____

Serves:

1 2 3 4 5 6 +

Time:

🕐 Prepare: _____

🕐 Cook: _____

Cooking Style:

Accompaniments:

🍴 _____

🍾 _____

Nutrition:

kcal: _____

Carbs: _____

Protein: _____

Fat: _____

Ratings:

Difficulty: 1 2 3 4 5

Success: ☹ 😐 🙂

Ingredients:

- _____
- _____
- _____
- _____
- _____
- _____

- _____
- _____
- _____
- _____
- _____

Method:

_____
_____
_____
_____
_____
_____
_____
_____
_____
_____
_____
_____
_____

Notes:

Recipe for:

5

Ingredients:

- _____
- _____
- _____
- _____
- _____
- _____

- _____
- _____
- _____
- _____
- _____
- _____

Method:

_____
_____
_____
_____
_____
_____
_____
_____
_____
_____
_____
_____
_____

Notes:

Origin:

🌐 / 👤 _____

Serves:

1   2   3   4   5   6   +

Time:

🕐 Prepare: _____
🕐 Cook: _____

Cooking Style:

Accompaniments:

🍴 _____
🍾🍷 _____

Nutrition:

kcal: _____
Carbs: _____
Protein: _____
Fat: _____

Ratings:

Difficulty: 1 2 3 4 5
Success: ☹ 😐 ☺

Recipe for:

Origin:

🌐 / 👤 _____

Serves:

1 2 3 4 5 6 +

Time:

🕐 Prepare: _____
🕐 Cook: _____

Cooking Style:

Accompaniments:

🍴 _____
🍷 _____

Nutrition:

kcal: _____
Carbs: _____
Protein: _____
Fat: _____

Ingredients:

- _____
- _____
- _____
- _____
- _____
- _____

- _____
- _____
- _____
- _____
- _____

Method:

Ratings:

Difficulty: 1 2 3 4 5

Success: ☹ 😐 ☺

Notes:

Vegetarian ○   Free from: Gluten ○ Dairy ○ Sugar ○ Fat ○

7

Recipe for:

Ingredients:

- _____
- _____
- _____
- _____
- _____
- _____

- _____
- _____
- _____
- _____
- _____
- _____

Method:

_____

_____

_____

_____

_____

_____

_____

_____

_____

_____

_____

_____

_____

_____

Notes:

Origin:

🌐 / 👤 _____

Serves:

1 2 3 4 5 6 +

Time:

🕐 Prepare: _____
🕐 Cook: _____

Cooking Style:

Accompaniments.

🍴 _____
🍶🍷 _____

Nutrition:

kcal: _____
Carbs. _____
Protein. _____
Fat. _____

Ratings.

Difficulty: 1 2 3 4 5

Success: 😞 😐 😊

8

Recipe for:

Origin:

🌐 / 👤 _____

Serves:

1 2 3 4 5 6 +

Time:

🕐 Prepare: _____

🕐 Cook: _____

Cooking Style:

Accompaniments:

🍴 _____

🍷 _____

Nutrition:

kcal: _____

Carbs: _____

Protein: _____

Fat: _____

Ingredients:

- _____
- _____
- _____
- _____
- _____
- _____

- _____
- _____
- _____
- _____
- _____
- _____

Method:

Ratings:

Difficulty: 1 2 3 4 5

Success: ☹ 😐 ☺

Notes:

Recipe for:

9

Ingredients:

- _____
- _____
- _____
- _____
- _____
- _____

- _____
- _____
- _____
- _____
- _____

Method:

_____

_____

_____

_____

_____

_____

_____

_____

_____

_____

_____

_____

_____

Origin:

🌍 / 👤 _____

Serves:

1   2   3   4   5   6   +

Time:

🕐 Prepare: _____
🕐 Cook: _____

Cooking Style:

Accompaniments:

🍴 _____
🍷 _____

Nutrition:

kcal: _____
Carbs: _____
Protein: _____
Fat: _____

Notes:

Ratings:

Difficulty: 1 2 3 4 5

Success: 🙁 😐 🙂

10

Recipe for:

Origin:

🌐/👤 _____

Serves:

1   2   3   4   5   6   +

Time:

🕐 Prepare: _____

🕐 Cook: _____

Cooking Style:

Accompaniments:

🍴 _____

🍷 _____

Nutrition:

kcal: _____

Carbs: _____

Protein: _____

Fat: _____

Ingredients:

- _____
- _____
- _____
- _____
- _____
- _____

- _____
- _____
- _____
- _____
- _____

Method:

Ratings:

Difficulty: 1 2 3 4 5

Success: ☹ 😐 🙂

Notes:

Vegetarian ○   Free from: Gluten ○   Dairy ○   Sugar ○   Fat ○

Recipe for:

11

Ingredients:

- _____
- _____
- _____
- _____
- _____
- _____

- _____
- _____
- _____
- _____
- _____

Method:

_____

_____

_____

_____

_____

_____

_____

_____

_____

_____

_____

_____

Notes:

Origin:

🌐 / 👤 _____

Serves:

1   2   3   4   5   6   +

Time:

🕐 Prepare: _____
🕐 Cook: _____

Cooking Style:

Accompaniments:

🍴 _____
🍷 _____

Nutrition:

kcal: _____
Carbs: _____
Protein: _____
Fat: _____

Ratings:

Difficulty: 1 2 3 4 5

Success:

12

Recipe for:

Origin:

🌍/👤 _____

Serves:

1 2 3 4 5 6 +

Time:

🕐 Prepare: _____
🕐 Cook: _____

Cooking Style:

Accompaniments:

🍴 _____
🍷 _____

Nutrition:

kcal: _____

Carbs: _____

Protein: _____

Fat: _____

Ingredients:

- _____
- _____
- _____
- _____
- _____
- _____

- _____
- _____
- _____
- _____
- _____

Method:

Ratings:

Difficulty: 1 2 3 4 5

Success: ☹ 😐 ☺

Notes:

Recipe for:

13

Ingredients:

- ....
- ....
- ....
- ....
- ....
- ....

- ....
- ....
- ....
- ....
- ....

Method:

Origin:
🌐/👤 ....

Serves:
1   2   3   4   5   6   +

Time:
🕐 Prepare: ....
🕐 Cook: ....

Cooking Style:

Accompaniments:

Nutrition:
kcal: ....
Carbs: ....
Protein: ....
Fat: ....

Notes:

14

Recipe for:

Origin:

🌐 / 👤 _____

Serves:

1 2 3 4 5 6 +

Time:

🕐 Prepare: _____

🕐 Cook: _____

Cooking Style:

Accompaniments:

🍴 _____

🍷 _____

Nutrition:

kcal: _____

Carbs: _____

Protein: _____

Fat: _____

Ratings:

Difficulty: 1 2 3 4 5

Success: ☹ 😐 🙂

Ingredients:

- _____   - _____
- _____   - _____
- _____   - _____
- _____   - _____
- _____   - _____
- _____   - _____

Method:

Notes:

Recipe for:

15

Ingredients:

- _____
- _____
- _____
- _____
- _____
- _____
- _____

- _____
- _____
- _____
- _____
- _____

Method:

_____

_____

_____

_____

_____

_____

_____

_____

_____

_____

_____

_____

_____

Origin:

🌐 / 👤 _____

Serves:

1   2   3   4   5   6   +

Time:

🕐 Prepare: _____

🕐 Cook: _____

Cooking Style:

Accompaniments:

🍴 _____

🍷 _____

Nutrition:

kcal: _____

Carbs: _____

Protein: _____

Fat: _____

Notes:

Ratings:

Difficulty: 1 2 3 4 5

Success: 😞 😐 😊

16

Recipe for:

Origin:

🌐/👤 _____

Serves:

1 2 3 4 5 6 +

Time:

🕐 Prepare: _____

🕐 Cook: _____

Cooking Style:

Accompaniments:

🍴 _____

🍷 _____

Nutrition:

kcal: _____

Carbs: _____

Protein: _____

Fat: _____

Ratings:

Difficulty: 1 2 3 4 5

Success: 😞 😐 😊

Ingredients:

- _____
- _____
- _____
- _____
- _____
- _____

- _____
- _____
- _____
- _____
- _____
- _____

Method:

Notes:

Recipe for:

17

Ingredients:

- _____
- _____
- _____
- _____
- _____
- _____

- _____
- _____
- _____
- _____
- _____

Method:

_____
_____
_____
_____
_____
_____
_____
_____
_____
_____
_____
_____
_____

Origin:

🌐 / 👤 _____

Serves:

1   2   3   4   5   6   +

Time:

🕐 Prepare: _____
🕐 Cook: _____

Cooking Style:

Accompaniments:

🍴 _____
🍷 _____

Nutrition:

kcal: _____
Carbs: _____
Protein: _____
Fat: _____

Notes:

Ratings:

Difficulty: 1 2 3 4 5

Success: 🙁 😐 🙂

18

Recipe for:

Origin:

🌐/👤 _____

Serves:

1 2 3 4 5 6 +

Time:

🕐 Prepare: _____

🕐 Cook: _____

Cooking Style:

Accompaniments:

🍴 _____

🍷 _____

Nutrition:

kcal: _____

Carbs: _____

Protein: _____

Fat: _____

Ingredients:

- _____
- _____
- _____
- _____
- _____
- _____

- _____
- _____
- _____
- _____
- _____
- _____

Method:

_____

_____

_____

_____

_____

_____

_____

_____

_____

_____

_____

_____

_____

Ratings:

Difficulty: 1 2 3 4 5

Success: ☹ 😐 ☺

Notes:

Recipe for:

19

Ingredients:

- _____
- _____
- _____
- _____
- _____
- _____
- _____

- _____
- _____
- _____
- _____
- _____
- _____
- _____

Method:

_____
_____
_____
_____
_____
_____
_____
_____
_____
_____
_____
_____
_____
_____
_____
_____

Notes:

Origin:

🌐 / 👤 _____

Serves:

1 2 3 4 5 6 +

Time:

🕐 Prepare: _____
🕐 Cook: _____

Cooking Style:

Accompaniments:

🍴 _____
🍾 _____

Nutrition:

kcal: _____
Carbs: _____
Protein: _____
Fat: _____

Ratings:

Difficulty: 1 2 3 4 5
Success: ☹ 😐 🙂

Vegetarian ○   Free from: Gluten ○ Dairy ○ Sugar ○ Fat ○

Recipe for:

Origin:

🌐 / 👤 _____

Serves:

1 2 3 4 5 6 +

Time:

🕐 Prepare: _____

🕐 Cook: _____

Cooking Style:

Accompaniments:

🍴 _____

🍷 _____

Nutrition:

kcal: _____

Carbs: _____

Protein: _____

Fat: _____

Ratings:

Difficulty: 1 2 3 4 5

Success: ☹ 😐 🙂

Ingredients:

- _____
- _____
- _____
- _____
- _____
- _____

- _____
- _____
- _____
- _____
- _____
- _____

Method:

Notes:

Recipe for:

Ingredients:

- _____
- _____
- _____
- _____
- _____
- _____
- _____

- _____
- _____
- _____
- _____
- _____

Method:

_____
_____
_____
_____
_____
_____
_____
_____
_____
_____
_____
_____
_____

Notes:

Origin:

🌍 / 👤 _____

Serves:

1   2   3   4   5   6   +

Time:

🕐 Prepare: _____
🕐 Cook: _____

Cooking Style:

Accompaniments:

🍴 _____
🍷 _____

Nutrition:

kcal: _____
Carbs: _____
Protein: _____
Fat: _____

Ratings:

Difficulty: 1 2 3 4 5

Success: 😟 😐 🙂

22

Recipe for:

Origin:

Serves:

1 2 3 4 5 6 +

Time:

🕐 Prepare: _____

🕐 Cook: _____

Cooking Style:

Accompaniments:

Nutrition:

kcal: _____

Carbs: _____

Protein: _____

Fat: _____

Ratings:

Difficulty: 1 2 3 4 5

Success: ☹ 😐 ☺

Ingredients:

- _____
- _____
- _____
- _____
- _____
- _____

- _____
- _____
- _____
- _____
- _____
- _____

Method:

Notes:

Vegetarian ○   Free from: Gluten ○   Dairy ○   Sugar ○   Fat ○

Recipe for:

23

Ingredients:

- _____
- _____
- _____
- _____
- _____
- _____

- _____
- _____
- _____
- _____
- _____
- _____

Method:

_____
_____
_____
_____
_____
_____
_____
_____
_____
_____
_____
_____
_____

Origin:

🌍 / 👤 _____

Serves:

1   2   3   4   5   6   +

Time:

🕐 Prepare: _____
🕐 Cook: _____

Cooking Style:

Accompaniments:

🍴 _____
🍾🍷 _____

Nutrition:

kcal: _____
Carbs: _____
Protein: _____
Fat: _____

Notes:

Ratings:

Difficulty: 1 2 3 4 5

Success: 🙁 😐 🙂

24

Recipe for:

Origin:

🌐 / 👤 _____

Serves:

1   2   3   4   5   6   +

Time:

🕐 Prepare: _____

🕐 Cook: _____

Cooking Style:

Accompaniments:

🍴 _____

🍷 _____

Nutrition:

kcal: _____

Carbs: _____

Protein: _____

Fat: _____

Ratings:

Difficulty: 1 2 3 4 5

Success: ☹ 😐 🙂

Ingredients:

- _____
- _____
- _____
- _____
- _____
- _____

- _____
- _____
- _____
- _____
- _____

Method:

Notes:

Recipe for:

Ingredients:

- _____
- _____
- _____
- _____
- _____
- _____

- _____
- _____
- _____
- _____
- _____
- _____

Method:

_____
_____
_____
_____
_____
_____
_____
_____
_____
_____
_____
_____
_____
_____
_____
_____

Origin:

🌐 / 👤 _____

Serves:

1   2   3   4   5   6   +

Time:

🕐 Prepare: _____
🕐 Cook: _____

Cooking Style:

Accompaniments:

🍴 _____

🍷 _____

Nutrition:

kcal: _____
Carbs: _____
Protein: _____
Fat: _____

Notes:

Ratings:

Difficulty: 1 2 3 4 5

Success:

26

Recipe for:

Origin:

🌐 / 👤 _____

Serves:

1 2 3 4 5 6 +

Time:

🕐 Prepare: _____

🕐 Cook: _____

Cooking Style:

Accompaniments:

🍴 _____

🍷 _____

Nutrition:

kcal: _____

Carbs: _____

Protein: _____

Fat: _____

Ratings:

Difficulty: 1 2 3 4 5

Success: ☹ 😐 ☺

Ingredients:

- _____
- _____
- _____
- _____
- _____
- _____

- _____
- _____
- _____
- _____
- _____
- _____

Method:

Notes:

27

Recipe for:

Ingredients:

- _____
- _____
- _____
- _____
- _____
- _____

- _____
- _____
- _____
- _____
- _____
- _____

Method:

_____
_____
_____
_____
_____
_____
_____
_____
_____
_____
_____
_____
_____
_____

Notes:

Origin:
🌐 / 👤 _____

Serves:
1 2 3 4 5 6 +

Time:
🕐 Prepare: _____
🕐 Cook: _____

Cooking Style:

Accompaniments:
🍴 _____
🍷 _____

Nutrition:
kcal: _____
Carbs: _____
Protein: _____
Fat: _____

Ratings:
Difficulty: 1 2 3 4 5
Success:

28

Recipe for:

Origin:

🌐/👤 _____

Serves:

1   2   3   4   5   6   +

Time:

🕐 Prepare: _____
🕐 Cook: _____

Cooking Style:

Accompaniments:

🍴 _____
🍷 _____

Nutrition:

kcal: _____

Carbs: _____

Protein: _____

Fat: _____

Ingredients:

- _____
- _____
- _____
- _____
- _____
- _____

- _____
- _____
- _____
- _____
- _____
- _____

Method:

Ratings:

Difficulty: 1 2 3 4 5

Success: 🙁 😐 🙂

Notes:

Vegetarian ○   Free from: Gluten ○ Dairy ○ Sugar ○ Fat ○

Recipe for:

Ingredients:

- ....
- ....
- ....
- ....
- ....
- ....

- ....
- ....
- ....
- ....

Method:

_____
_____
_____
_____
_____
_____
_____
_____
_____
_____
_____
_____
_____
_____
_____

Origin:

🌍 / 👤 _____

Serves:

1 2 3 4 5 6 +

Time:

🕐 Prepare: _____
🕐 Cook: _____

Cooking Style:

Accompaniments:

🍴 _____
🍷 _____

Nutrition:

kcal: _____
Carbs: _____
Protein: _____
Fat: _____

Notes:

Ratings:

Difficulty: 1 2 3 4 5

Success: 😞 😐 😊

Vegetarian ○   Free from: Gluten ○   Dairy ○   Sugar ○   Fat ○

Recipe for:

Origin:

🌐/👤 _____

Serves:

1 2 3 4 5 6 +

Time:

🕐 Prepare: _____

🕐 Cook: _____

Cooking Style:

Accompaniments:

🍴 _____

🍷 _____

Nutrition:

kcal: _____

Carbs: _____

Protein: _____

Fat: _____

Ratings:

Difficulty: 1 2 3 4 5

Success: 😞 😐 😊

Ingredients:

- _____
- _____
- _____
- _____
- _____
- _____

- _____
- _____
- _____
- _____
- _____
- _____

Method:

Notes:

Recipe for:

31

Ingredients:

- ....
- ....
- ....
- ....
- ....
- ....

- ....
- ....
- ....
- ....
- ....

Method:

Origin:

🌍 / 👤 _____

Serves:

1 2 3 4 5 6 +

Time:

🕐 Prepare: _____
🕐 Cook: _____

Cooking Style:

Accompaniments:

🍴 _____
🍷 _____

Nutrition:

kcal: _____
Carbs: _____
Protein: _____
Fat: _____

Notes:

Ratings:

Difficulty: 1 2 3 4 5
Success: 😞 😐 😊

32

Recipe for:

Origin:

🌐 / 👤 _____

Serves:

1 2 3 4 5 6 +

Time:

🕐 Prepare: _____

🕐 Cook: _____

Cooking Style:

Accompaniments:

🍴 _____

🍾 _____

Nutrition:

kcal: _____

Carbs: _____

Protein: _____

Fat: _____

Ratings:

Difficulty: 1 2 3 4 5

Success: ☹ 😐 🙂

Ingredients:

- _____
- _____
- _____
- _____
- _____
- _____

- _____
- _____
- _____
- _____
- _____

Method:

Notes:

Vegetarian ○   Free from: Gluten ○   Dairy ○   Sugar ○   Fat ○

33

Recipe for:

Ingredients:

- _____
- _____
- _____
- _____
- _____
- _____

- _____
- _____
- _____
- _____
- _____
- _____

Method:

_____
_____
_____
_____
_____
_____
_____
_____
_____
_____
_____
_____
_____
_____

Origin:

🌐 / 👤 _____

Serves:

1 2 3 4 5 6 +

Time:

🕐 Prepare: _____
🕐 Cook: _____

Cooking Style:

Accompaniments:

🍴 _____
🍷 _____

Nutrition:

kcal: _____
Carbs: _____
Protein: _____
Fat: _____

Notes:

Ratings:

Difficulty: 1 2 3 4 5

Success:

34

Recipe for:

Origin:

🌐 / 👤 _____

Serves:

1 2 3 4 5 6 +

Time:

🕐 Prepare: _____

🕐 Cook: _____

Cooking Style:

Accompaniments:

🍴 _____

🍷 _____

Nutrition:

kcal: _____

Carbs: _____

Protein: _____

Fat: _____

Ratings:

Difficulty: 1 2 3 4 5

Success: ☹ 😐 ☺

Ingredients:

- _____
- _____
- _____
- _____
- _____
- _____

- _____
- _____
- _____
- _____
- _____
- _____

Method:

Notes:

Recipe for:

Ingredients:

- _____
- _____
- _____
- _____
- _____
- _____

- _____
- _____
- _____
- _____
- _____

Origin:

🌐 / 👤 _____

Serves:

1 2 3 4 5 6 +

Time:

🕐 Prepare: _____

🕐 Cook: _____

Cooking Style:

Method:

_____
_____
_____
_____
_____
_____
_____
_____
_____
_____
_____
_____
_____

Accompaniments:

🍴 _____

🍷 _____

Nutrition:

kcal: _____

Carbs: _____

Protein: _____

Fat: _____

Notes:

Ratings:

Difficulty: 1 2 3 4 5

Success: ☹ 😐 ☺

36

Recipe for:

Origin:

🌐/👤 _____

Serves:

1 2 3 4 5 6 +

Time:

🕐 Prepare: _____

🕐 Cook: _____

Cooking Style:

Accompaniments:

🍴 _____

🍾 _____

Nutrition:

kcal: _____

Carbs: _____

Protein: _____

Fat: _____

Ratings:

Difficulty: 1 2 3 4 5

Success: ☹ 😐 ☺

Ingredients:

- _____
- _____
- _____
- _____
- _____
- _____

- _____
- _____
- _____
- _____
- _____

Method:

Notes:

37

Recipe for:

Ingredients:

- ....
- ....
- ....
- ....
- ....
- ....

- ....
- ....
- ....
- ....
- ....

Method:

....

....

....

....

....

....

....

....

....

....

....

....

....

Origin:

Serves:
1 2 3 4 5 6 +

Time:
Prepare: ....
Cook: ....

Cooking Style:

Accompaniments:

Nutrition:
kcal: ....
Carbs: ....
Protein: ....
Fat: ....

Notes:

Ratings:
Difficulty: 1 2 3 4 5
Success: 😞 😐 😊

38

Recipe for:

Origin:

Serves:

1 2 3 4 5 6 +

Time:

Prepare: _____

Cook: _____

Cooking Style:

Accompaniments:

Nutrition:

kcal: _____

Carbs: _____

Protein: _____

Fat: _____

Ratings:

Difficulty: 1 2 3 4 5

Success: ☹ 😐 🙂

Ingredients:

- _____
- _____
- _____
- _____
- _____
- _____

- _____
- _____
- _____
- _____
- _____
- _____

Method:

Notes:

Recipe for:

39

Ingredients:

- _____
- _____
- _____
- _____
- _____
- _____

- _____
- _____
- _____
- _____
- _____
- _____

Method:

_____
_____
_____
_____
_____
_____
_____
_____
_____
_____
_____
_____
_____
_____
_____
_____

Origin:
🌐 / 👤 _____

Serves:
1 2 3 4 5 6 +

Time:
🕐 Prepare: _____
🕐 Cook: _____

Cooking Style:

Accompaniments:

Nutrition:
kcal: _____
Carbs: _____
Protein: _____
Fat: _____

Notes:

Ratings:

Difficulty: 1 2 3 4 5

Success:

40

Recipe for:

Origin:

🌐 / 👤 _____

Serves:

1　2　3　4　5　6　+

Time:

🕐 Prepare: _____

🕐 Cook: _____

Cooking Style:

Accompaniments:

🍴 _____

🍷 _____

Nutrition:

kcal: _____

Carbs: _____

Protein: _____

Fat: _____

Ingredients:

- _____
- _____
- _____
- _____
- _____
- _____

- _____
- _____
- _____
- _____
- _____

Method:

Notes:

Ratings:

Difficulty:　1 2 3 4 5

Success:　☹ 😐 🙂

Recipe for:

41

Ingredients:

- _____
- _____
- _____
- _____
- _____
- _____

- _____
- _____
- _____
- _____
- _____

Origin:

🌐 / 👤 _____

Serves:

1 2 3 4 5 6 +

Time:

🕐 Prepare: _____
🕐 Cook: _____

Cooking Style:

Accompaniments:

🍴 _____

🍷 _____

Method:

_____
_____
_____
_____
_____
_____
_____
_____
_____
_____
_____
_____

Nutrition:

kcal: _____
Carbs: _____
Protein: _____
Fat: _____

Notes:

Ratings:

Difficulty: 1 2 3 4 5

Success:

42

Recipe for:

Origin:

🌐 / 👤 _____

Serves:

1   2   3   4   5   6   +

Time:

🕐 Prepare: _____

🕐 Cook: _____

Cooking Style:

Accompaniments:

🍴 _____

🍷 _____

Nutrition:

kcal: _____

Carbs: _____

Protein: _____

Fat: _____

Ratings:

Difficulty: 1 2 3 4 5

Success: ☹ 😐 ☺

Ingredients:

- _____
- _____
- _____
- _____
- _____
- _____

- _____
- _____
- _____
- _____
- _____
- _____

Method:

Notes:

43

Recipe for:

Ingredients:

- _____
- _____
- _____
- _____
- _____
- _____

- _____
- _____
- _____
- _____
- _____

Method:

_____
_____
_____
_____
_____
_____
_____
_____
_____
_____
_____
_____
_____

Origin:
🌐 / 👤 _____

Serves:
1 2 3 4 5 6 +

Time:
🕐 Prepare: _____
🕐 Cook: _____

Cooking Style:

Accompaniments:
🍴 _____
🍷 _____

Nutrition:
kcal: _____
Carbs: _____
Protein: _____
Fat: _____

Notes:

Ratings:
Difficulty: 1 2 3 4 5
Success: ☹ 😐 ☺

44

Recipe for:

Origin:

🌐/👤 _____

Serves:

1 2 3 4 5 6 +

Time:

🕐 Prepare: _____

🕐 Cook: _____

Cooking Style:

Accompaniments:

Nutrition:

kcal: _____

Carbs: _____

Protein: _____

Fat: _____

Ratings:

Difficulty: 1 2 3 4 5

Success: ☹ 😐 ☺

Ingredients:

- _____
- _____
- _____
- _____
- _____
- _____

- _____
- _____
- _____
- _____
- _____
- _____

Method:

Notes:

Recipe for:

45

Ingredients:

- _____
- _____
- _____
- _____
- _____
- _____

- _____
- _____
- _____
- _____
- _____
- _____

Method:

_____
_____
_____
_____
_____
_____
_____
_____
_____
_____
_____
_____
_____
_____

Notes:

Origin:

🌐 / 👤 _____

Serves:

1 2 3 4 5 6 +

Time:

🕐 Prepare: _____

🕐 Cook: _____

Cooking Style:

Accompaniments:

🍴 _____

🍶 _____

Nutrition:

kcal: _____

Carbs: _____

Protein: _____

Fat: _____

Ratings:

Difficulty: 1 2 3 4 5

Success:

46

Recipe for:

Origin:

🌍 / 👤 _____

Serves:

1 2 3 4 5 6 +

Time:

🕐 Prepare: _____
🕐 Cook: _____

Cooking Style:

Accompaniments:

🍴 _____
🍷 _____

Nutrition:

kcal: _____

Carbs: _____

Protein: _____

Fat: _____

Ratings:

Difficulty: 1 2 3 4 5

Success: ☹ 😐 ☺

Ingredients:

- _____
- _____
- _____
- _____
- _____
- _____

- _____
- _____
- _____
- _____
- _____
- _____

Method:

Notes:

Recipe for:

47

Ingredients:

- ....
- ....
- ....
- ....
- ....
- ....

- ....
- ....
- ....
- ....
- ....

Origin:

🌐 / 👤 ....

Serves:

1 2 3 4 5 6 +

Time:

🕐 Prepare: ....
🕐 Cook: ....

Cooking Style:

Method:

....
....
....
....
....
....
....
....
....
....
....
....
....
....
....
....

Accompaniments:

🍴 ....
🍷 ....

Nutrition:

kcal: ....
Carbs: ....
Protein: ....
Fat: ....

Notes:

Ratings:

Difficulty: 1 2 3 4 5

Success:

48

Recipe for:

Origin:

🌐/👤 _____

Serves:

1 2 3 4 5 6 +

Time:

🕐 Prepare: _____

🕐 Cook: _____

Cooking Style:

Accompaniments:

🍴 _____

🍷 _____

Nutrition:

kcal: _____

Carbs: _____

Protein: _____

Fat: _____

Ingredients:

- _____
- _____
- _____
- _____
- _____
- _____

- _____
- _____
- _____
- _____
- _____
- _____

Method:

Ratings:

Difficulty: 1 2 3 4 5

Success: ☹ 😐 🙂

Notes:

Recipe for:

Ingredients:

- _____
- _____
- _____
- _____
- _____
- _____

- _____
- _____
- _____
- _____
- _____

Method:

_____
_____
_____
_____
_____
_____
_____
_____
_____
_____
_____
_____
_____

Origin:

🌐 / 👤 _____

Serves:

1   2   3   4   5   6   +

Time:

🕐 Prepare: _____
🕐 Cook: _____

Cooking Style:

Accompaniments:

🍴 _____
🍾🍷 _____

Nutrition:

kcal: _____
Carbs: _____
Protein: _____
Fat: _____

Notes:

Ratings:

Difficulty: 1 2 3 4 5
Success: 🙁 😐 🙂

50

Recipe for:

Origin:

🌐/👤 _____

Serves:

1 2 3 4 5 6 +

Time:

🕐 Prepare: _____

🕐 Cook: _____

Cooking Style:

Accompaniments:

🍴 _____

🍷 _____

Nutrition:

kcal: _____

Carbs: _____

Protein: _____

Fat: _____

Ratings:

Difficulty: 1 2 3 4 5

Success: ☹ 😐 🙂

Ingredients:

- _____
- _____
- _____
- _____
- _____
- _____

- _____
- _____
- _____
- _____
- _____
- _____

Method:

Notes:

Recipe for:

Ingredients:

- _____
- _____
- _____
- _____
- _____
- _____

- _____
- _____
- _____
- _____
- _____

Method:

_____
_____
_____
_____
_____
_____
_____
_____
_____
_____
_____
_____
_____
_____

Origin:

🌐 / 👤 _____

Serves:

1   2   3   4   5   6   +

Time:

🕐 Prepare: _____
🕐 Cook: _____

Cooking Style:

Accompaniments:

🍴 _____
🍷 _____

Nutrition:

kcal: _____
Carbs: _____
Protein: _____
Fat: _____

Notes:

Ratings:

Difficulty: 1 2 3 4 5

Success: 😞 😐 😊

52

Recipe for:

Origin:

🌐/👤 _____

Serves:

1 2 3 4 5 6 +

Time:

🕐 Prepare: _____

🕐 Cook: _____

Cooking Style:

Accompaniments:

🍴 _____

🍷 _____

Nutrition:

kcal: _____

Carbs: _____

Protein: _____

Fat: _____

Ratings:

Difficulty: 1 2 3 4 5

Success: ☹ 😐 🙂

Ingredients:

- _____
- _____
- _____
- _____
- _____
- _____

- _____
- _____
- _____
- _____
- _____

Method:

Notes:

Vegetarian ○   Free from: Gluten ○   Dairy ○   Sugar ○   Fat ○

Recipe for:

53

Ingredients:

- ....
- ....
- ....
- ....
- ....
- ....

- ....
- ....
- ....
- ....
- ....
- ....

Method:

....
....
....
....
....
....
....
....
....
....
....
....
....
....
....

Origin:

🌐 / 👤 _____

Serves:

1 2 3 4 5 6 +

Time:

🕐 Prepare: _____
🕐 Cook: _____

Cooking Style:

Accompaniments:

Nutrition:

kcal: _____
Carbs: _____
Protein: _____
Fat: _____

Notes:

Ratings:

Difficulty: 1 2 3 4 5

Success:

54

Recipe for:

Origin:

🌐/👤 _____

Serves:

1 2 3 4 5 6 +

Time:

🕐 Prepare: _____

🕐 Cook: _____

Cooking Style:

Accompaniments:

🍴 _____

🍷 _____

Nutrition:

kcal: _____

Carbs: _____

Protein: _____

Fat: _____

Ingredients:

* _____
* _____
* _____
* _____
* _____
* _____

* _____
* _____
* _____
* _____
* _____

Method:

Ratings:

Difficulty: 1 2 3 4 5

Success: ☹ 😐 ☺

Notes:

Recipe for:

Ingredients:

- ....
- ....
- ....
- ....
- ....
- ....

- ....
- ....
- ....
- ....
- ....

Method:

Origin:
🌐 / 👤 _____

Serves:
1   2   3   4   5   6   +

Time:
🕐 Prepare: _____
🕐 Cook: _____

Cooking Style:

Accompaniments:
🍴 _____
🍷 _____

Nutrition:
kcal: _____
Carbs: _____
Protein: _____
Fat: _____

Notes:

Ratings:
Difficulty: 1 2 3 4 5
Success: 🙁 😐 🙂

56

Recipe for:

Origin:

🌐/👤 _____

Serves:

1 2 3 4 5 6 +

Time:

🕐 Prepare: _____

🕐 Cook: _____

Cooking Style:

Accompaniments:

🍴 _____

🍷 _____

Nutrition:

kcal: _____

Carbs: _____

Protein: _____

Fat: _____

Ingredients:

- _____
- _____
- _____
- _____
- _____
- _____

- _____
- _____
- _____
- _____
- _____
- _____

Method:

Ratings:

Difficulty: 1 2 3 4 5

Success: 😞 😐 🙂

Notes:

Vegetarian ○   Free from: Gluten ○   Dairy ○   Sugar ○   Fat ○

Recipe for:

Ingredients:

- _____
- _____
- _____
- _____
- _____
- _____

- _____
- _____
- _____
- _____
- _____

Method:

_____
_____
_____
_____
_____
_____
_____
_____
_____
_____
_____
_____
_____
_____

Notes:

Origin:

🌍 / 👤 _____

Serves:

1   2   3   4   5   6   +

Time:

🕐 Prepare: _____
🕐 Cook: _____

Cooking Style:

Accompaniments:

🍴 _____
🍷 _____

Nutrition:

kcal: _____
Carbs: _____
Protein: _____
Fat: _____

Ratings:

Difficulty: 1 2 3 4 5

Success: 😞 😐 😊

58

Recipe for:

Origin:

🌐/👤 _____

Serves:

1 2 3 4 5 6 +

Time:

🕐 Prepare: _____

🕐 Cook: _____

Cooking Style:

Accompaniments:

🍴 _____

🍷 _____

Nutrition:

kcal: _____

Carbs: _____

Protein: _____

Fat: _____

Ingredients:

- _____
- _____
- _____
- _____
- _____
- _____

- _____
- _____
- _____
- _____
- _____

Method:

Ratings:

Difficulty: 1 2 3 4 5

Success: 🙁 😐 🙂

Notes:

Vegetarian ○   Free from: Gluten ○ Dairy ○ Sugar ○ Fat ○

Recipe for:

Ingredients:

- ....
- ....
- ....
- ....
- ....
- ....

- ....
- ....
- ....
- ....
- ....
- ....

Method:

Origin:

🌐/👤 ....

Serves:

1 2 3 4 5 6 +

Time:

🕐 Prepare: ....
🕐 Cook: ....

Cooking Style:

Accompaniments:

🍴 ....
🍾🍷 ....

Nutrition:

kcal: ....
Carbs: ....
Protein: ....
Fat: ....

Notes:

60

Recipe for:

Origin:

🌐/👤 _____

Serves:

1 2 3 4 5 6 +

Time:

🕐 Prepare: _____
🕐 Cook: _____

Cooking Style:

Accompaniments:

🍴 _____
🍷 _____

Nutrition:

kcal: _____

Carbs: _____

Protein: _____

Fat: _____

Ingredients:

- _____   - _____
- _____   - _____
- _____   - _____
- _____   - _____
- _____   - _____
- _____

Method:

_____

_____

_____

_____

_____

_____

_____

_____

_____

_____

_____

Ratings:

Difficulty: 1 2 3 4 5

Success: ☹ 😐 ☺

Notes:

Vegetarian ○   Free from: Gluten ○   Dairy ○   Sugar ○   Fat ○

Recipe for:

61

Ingredients:

- _____
- _____
- _____
- _____
- _____
- _____

- _____
- _____
- _____
- _____
- _____
- _____

Method:

_____
_____
_____
_____
_____
_____
_____
_____
_____
_____
_____
_____
_____
_____

Origin:

🌍 / 👤 _____

Serves:

1 2 3 4 5 6 +

Time:

🕐 Prepare: _____
🕐 Cook: _____

Cooking Style:

Accompaniments:

🍴 _____
🍷 _____

Nutrition:

kcal: _____
Carbs: _____
Protein: _____
Fat: _____

Notes:

Ratings:

Difficulty: 1 2 3 4 5

Success:

62

Recipe for:

Origin:

🌐 / 👤 _____

Serves:

1   2   3   4   5   6   +

Time:

🕐 Prepare: _____
🕐 Cook: _____

Cooking Style:

Accompaniments:

🍴 _____
🍾 _____

Nutrition:

kcal: _____
Carbs: _____
Protein: _____
Fat: _____

Ratings:

Difficulty: 1 2 3 4 5
Success: ☹ 😐 🙂

Ingredients:

- _____
- _____
- _____
- _____
- _____
- _____

- _____
- _____
- _____
- _____
- _____
- _____

Method:

Notes:

Vegetarian ○   Free from: Gluten ○   Dairy ○   Sugar ○   Fat ○

Recipe for:

Ingredients:

- ....
- ....
- ....
- ....
- ....
- ....

- ....
- ....
- ....
- ....
- ....
- ....

Method:

_____
_____
_____
_____
_____
_____
_____
_____
_____
_____
_____
_____
_____
_____
_____
_____

Notes:

Origin:

Serves:

1   2   3   4   5   6   +

Time:

Prepare: _____

Cook: _____

Cooking Style:

Accompaniments:

Nutrition:

kcal: _____

Carbs: _____

Protein: _____

Fat: _____

Ratings:

Difficulty: 1 2 3 4 5

Success: ☹ 😐 ☺

64

Recipe for:

Origin:

🌐/👤 _____

Serves:

1 2 3 4 5 6 +

Time:

🕐 Prepare: _____

🕐 Cook: _____

Cooking Style:

Accompaniments:

🍴 _____

🍷 _____

Nutrition:

kcal: _____

Carbs: _____

Protein: _____

Fat: _____

Ingredients:

- _____   - _____
- _____   - _____
- _____   - _____
- _____   - _____
- _____   - _____
- _____

Method:

_____

_____

_____

_____

_____

_____

_____

_____

_____

_____

_____

_____

Ratings:

Difficulty: 1 2 3 4 5

Success: ☹ 😐 😊

Notes:

Vegetarian O   Free from: Gluten O   Dairy O   Sugar O   Fat O

Recipe for:

Ingredients:

- _____
- _____
- _____
- _____
- _____
- _____

- _____
- _____
- _____
- _____
- _____
- _____

Method:

_____
_____
_____
_____
_____
_____
_____
_____
_____
_____
_____
_____
_____
_____

Origin:

🌍 / 👤 _____

Serves:

1 2 3 4 5 6 +

Time:

🕐 Prepare: _____
🕐 Cook: _____

Cooking Style:

Accompaniments:

🍴 _____
🍷 _____

Nutrition:

kcal: _____
Carbs: _____
Protein: _____
Fat: _____

Notes:

Ratings:

Difficulty: 1 2 3 4 5

Success:

66

Recipe for:

Origin:

🌐 / 👤 _____

Serves:

1   2   3   4   5   6   +

Time:

🕐 Prepare: _____

🕐 Cook: _____

Cooking Style:

Accompaniments:

🍴 _____

🍷 _____

Nutrition:

kcal: _____

Carbs: _____

Protein: _____

Fat: _____

Ingredients:

- _____
- _____
- _____
- _____
- _____
- _____

- _____
- _____
- _____
- _____
- _____
- _____

Method:

Ratings:

Difficulty: 1 2 3 4 5

Success: ☹ 😐 ☺

Notes:

Vegetarian O   Free from: Gluten O   Dairy O   Sugar O   Fat O

Recipe for:

Ingredients:

- _____
- _____
- _____
- _____
- _____
- _____

- _____
- _____
- _____
- _____
- _____
- _____

Method:

_____
_____
_____
_____
_____
_____
_____
_____
_____
_____
_____
_____
_____
_____

Origin:

/ _____

Serves:

1   2   3   4   5   6   +

Time:

Prepare: _____
Cook: _____

Cooking Style:

Accompaniments:

_____
_____

Nutrition:

kcal: _____
Carbs: _____
Protein: _____
Fat: _____

Notes:

Ratings:

Difficulty: 1 2 3 4 5

Success:

68

Recipe for:

Origin:

🌐/👤 _____

Serves:

1 2 3 4 5 6 +

Time:

🕐 Prepare: _____

🕐 Cook: _____

Cooking Style:

Accompaniments:

🍴 _____

🍷 _____

Nutrition:

kcal: _____

Carbs: _____

Protein: _____

Fat: _____

Ingredients:

- _____
- _____
- _____
- _____
- _____
- _____

- _____
- _____
- _____
- _____
- _____
- _____

Method:

Ratings:

Difficulty: 1 2 3 4 5

Success: 😞 😐 🙂

Notes:

Vegetarian ○   Free from: Gluten ○   Dairy ○   Sugar ○   Fat ○

Recipe for:

Ingredients:

- _____
- _____
- _____
- _____
- _____
- _____

- _____
- _____
- _____
- _____
- _____

Method:

_____
_____
_____
_____
_____
_____
_____
_____
_____
_____
_____
_____
_____

Origin:

🌐 / 👤 _____

Serves:

1   2   3   4   5   6   +

Time:

🕐 Prepare: _____
🕐 Cook: _____

Cooking Style:

Accompaniments:

🍴 _____
🍷 _____

Nutrition:

kcal: _____
Carbs: _____
Protein: _____
Fat: _____

Notes:

Ratings:

Difficulty: 1 2 3 4 5

Success:

Vegetarian ○   Free from: Gluten ○ Dairy ○ Sugar ○ Fat ○

Recipe for:

Origin:
🌐/👤 _____

Serves:
1 2 3 4 5 6 +

Time:
🕐 Prepare: _____
🕐 Cook: _____

Cooking Style:

Accompaniments:

Nutrition:
kcal: _____
Carbs: _____
Protein: _____
Fat: _____

Ratings:
Difficulty: 1 2 3 4 5
Success: ☹ 😐 ☺

Ingredients:

- _____
- _____
- _____
- _____
- _____
- _____

- _____
- _____
- _____
- _____
- _____

Method:

Notes:

Recipe for:

Ingredients:

- ....
- ....
- ....
- ....
- ....
- ....

- ....
- ....
- ....
- ....
- ....

Method:

....
....
....
....
....
....
....
....
....
....
....
....
....
....
....

Origin:

Serves:

1 2 3 4 5 6 +

Time:

Prepare: ....

Cook: ....

Cooking Style:

Accompaniments:

Nutrition:

kcal: ....

Carbs: ....

Protein: ....

Fat: ....

Notes:

Ratings:

Difficulty: 1 2 3 4 5

Success:

72

Recipe for:

Origin:

🌐/👤 _____

Serves:

1 2 3 4 5 6 +

Time:

🕐 Prepare: _____

🕐 Cook: _____

Cooking Style:

Accompaniments:

🍴 _____

🍷 _____

Nutrition:

kcal: _____

Carbs: _____

Protein: _____

Fat: _____

Ingredients:

- _____
- _____
- _____
- _____
- _____
- _____

- _____
- _____
- _____
- _____
- _____

Method:

Ratings:

Difficulty: 1 2 3 4 5

Success: ☹ 😐 🙂

Notes:

Vegetarian ○   Free from: Gluten ○   Dairy ○   Sugar ○   Fat ○

Recipe for:

73

Ingredients:

- _____   - _____
- _____   - _____
- _____   - _____
- _____   - _____
- _____   - _____
- _____   - _____

Method:

_____

_____

_____

_____

_____

_____

_____

_____

_____

_____

_____

_____

_____

Origin:

🌐 / 👤 _____

Serves:

1 2 3 4 5 6 +

Time:

🕐 Prepare: _____
🕐 Cook: _____

Cooking Style:

Accompaniments:

🍴 _____
🍷 _____

Nutrition:

kcal: _____

Carbs: _____

Protein: _____

Fat: _____

Notes:

Ratings:

Difficulty: 1 2 3 4 5

Success:

74

Recipe for:

Origin:

🌐/👤 _____

Serves:

1 2 3 4 5 6 +

Time:

🕐 Prepare: _____

🕐 Cook: _____

Cooking Style:

Accompaniments:

🍴 _____

🍷 _____

Nutrition:

kcal: _____

Carbs: _____

Protein: _____

Fat: _____

Ingredients:

- _____
- _____
- _____
- _____
- _____
- _____

- _____
- _____
- _____
- _____
- _____
- _____

Method:

Ratings:

Difficulty: 1 2 3 4 5

Success: ☹ 😐 ☺

Notes:

Vegetarian ○   Free from: Gluten ○   Dairy ○   Sugar ○   Fat ○

Recipe for:

Ingredients:

- ....
- ....
- ....
- ....
- ....
- ....

- ....
- ....
- ....
- ....
- ....

Origin:

🌐 / 👤 _____

Serves:

1   2   3   4   5   6   +

Time:

🕐 Prepare: _____
🕐 Cook: _____

Cooking Style:

Accompaniments:

🍴 _____
🍷 _____

Method:

_____
_____
_____
_____
_____
_____
_____
_____
_____
_____
_____
_____
_____

Nutrition:

kcal: _____
Carbs: _____
Protein: _____
Fat: _____

Notes:

Ratings:

Difficulty: 1 2 3 4 5

Success:

76

Recipe for:

Origin:

🌐/👤 _____

Serves:

1 2 3 4 5 6 +

Time:

🕐 Prepare: _____

🕐 Cook: _____

Cooking Style:

Accompaniments:

🍴 _____

🍷 _____

Nutrition:

kcal: _____

Carbs: _____

Protein: _____

Fat: _____

Ratings:

Difficulty: 1 2 3 4 5

Success: ☹ 😐 🙂

Ingredients:

- _____
- _____
- _____
- _____
- _____
- _____

- _____
- _____
- _____
- _____
- _____
- _____

Method:

Notes:

77

Recipe for:

Ingredients:

- ....
- ....
- ....
- ....
- ....
- ....

- ....
- ....
- ....
- ....
- ....

Method:

Origin:

🌐 / 👤 _____

Serves:

1   2   3   4   5   6   +

Time:

🕐 Prepare: _____
🕐 Cook: _____

Cooking Style:

Accompaniments:

🍴 _____
🍷 _____

Nutrition:

kcal: _____
Carbs: _____
Protein: _____
Fat: _____

Notes:

Ratings:

Difficulty: 1 2 3 4 5

Success: 😞 😐 😊

Vegetarian ○   Free from: Gluten ○ Dairy ○ Sugar ○ Fat ○

Recipe for:

Origin:
🌐/👤 _____

Serves:
1 2 3 4 5 6 +

Time:
🕐 Prepare: _____
🕐 Cook: _____

Cooking Style:

Accompaniments:
🍴 _____
🍾 _____

Nutrition:
kcal: _____
Carbs: _____
Protein: _____
Fat: _____

Ingredients:
- _____
- _____
- _____
- _____
- _____
- _____

- _____
- _____
- _____
- _____

Method:

Ratings:
Difficulty: 1 2 3 4 5
Success: ☹ 😐 🙂

Notes:

Vegetarian ○   Free from: Gluten ○   Dairy ○   Sugar ○   Fat ○

Recipe for:

Ingredients:

- _____
- _____
- _____
- _____
- _____
- _____

- _____
- _____
- _____
- _____
- _____

Method:

_____
_____
_____
_____
_____
_____
_____
_____
_____
_____
_____
_____

Origin:

🌍 / 👤 _____

Serves:

1   2   3   4   5   6   +

Time:

🕐 Prepare: _____
🕐 Cook: _____

Cooking Style:

Accompaniments:

🍴 _____
🍷 _____

Nutrition:

kcal: _____
Carbs: _____
Protein: _____
Fat: _____

Notes:

Ratings:

Difficulty: 1 2 3 4 5

Success:

80

Recipe for:

Origin:

🌐/👤 _____

Serves:

1 2 3 4 5 6 +

Time:

🕐 Prepare: _____

🕐 Cook: _____

Cooking Style:

Accompaniments:

🍴 _____

🍾🍷 _____

Nutrition:

kcal: _____

Carbs: _____

Protein: _____

Fat: _____

Ratings:

Difficulty: 1 2 3 4 5

Success: ☹ 😐 🙂

Ingredients:

- _____
- _____
- _____
- _____
- _____
- _____

- _____
- _____
- _____
- _____
- _____
- _____

Method:

Notes:

Recipe for:

Ingredients:

- _____
- _____
- _____
- _____
- _____
- _____

- _____
- _____
- _____
- _____
- _____

Method:

_____

_____

_____

_____

_____

_____

_____

_____

_____

_____

_____

_____

_____

Origin:

🌐 / 👤 _____

Serves:

1   2   3   4   5   6   +

Time:

🕐 Prepare: _____

🕐 Cook: _____

Cooking Style:

Accompaniments:

🍴 _____

🍷 _____

Nutrition:

kcal: _____

Carbs: _____

Protein: _____

Fat: _____

Notes:

Ratings:

Difficulty: 1 2 3 4 5

Success:

82

Recipe for:

Origin:

🌐 / 👤 _____

Serves:

1   2   3   4   5   6   +

Time:

🕐 Prepare: _____

🕐 Cook: _____

Cooking Style:

Accompaniments:

🍴 _____

🍾🍷 _____

Nutrition:

kcal: _____

Carbs: _____

Protein: _____

Fat: _____

Ratings:

Difficulty: 1 2 3 4 5

Success: ☹   😐   🙂

Ingredients:

- ....
- ....
- ....
- ....
- ....
- ....

- ....
- ....
- ....
- ....
- ....
- ....

Method:

Notes:

Vegetarian ○   Free from: Gluten ○ Dairy ○ Sugar ○ Fat ○

Recipe for:

Ingredients:

- ....
- ....
- ....
- ....
- ....
- ....

- ....
- ....
- ....
- ....
- ....

Method:

_____
_____
_____
_____
_____
_____
_____
_____
_____
_____
_____
_____
_____
_____
_____
_____
_____

Origin:

🌐 / 👤 _____

Serves:

1 2 3 4 5 6 +

Time:

🕐 Prepare: _____
🕐 Cook: _____

Cooking Style:

Accompaniments:

🍴 _____
🍾🍷 _____

Nutrition:

kcal: _____
Carbs: _____
Protein: _____
Fat: _____

Notes:

Ratings:

Difficulty: 1 2 3 4 5
Success: ☹ 😐 🙂

84

Recipe for:

Origin:

🌐 / 👤 _____

Serves:

1 2 3 4 5 6 +

Time:

🕐 Prepare: _____

🕐 Cook: _____

Cooking Style:

Accompaniments:

🍴 _____

🍷 _____

Nutrition:

kcal: _____

Carbs: _____

Protein: _____

Fat: _____

Ingredients:

- ....
- ....
- ....
- ....
- ....
- ....

- ....
- ....
- ....
- ....
- ....

Method:

Ratings:

Difficulty: 1 2 3 4 5

Success: ☹ 😐 ☺

Notes:

Recipe for:

Ingredients:

- _____
- _____
- _____
- _____
- _____
- _____

- _____
- _____
- _____
- _____
- _____
- _____

Method:

_____
_____
_____
_____
_____
_____
_____
_____
_____
_____
_____
_____
_____

Origin:

🌐 / 👤 _____

Serves:

1   2   3   4   5   6   +

Time:

🕐 Prepare: _____
🕐 Cook: _____

Cooking Style:

Accompaniments:

🍴 _____
🍷 _____

Nutrition:

kcal: _____
Carbs: _____
Protein: _____
Fat: _____

Notes:

Ratings:

Difficulty: 1 2 3 4 5

Success:

86

Recipe for:

Origin:

🌐/👤 _____

Serves:

1   2   3   4   5   6   +

Time:

🕐 Prepare: _____
🕐 Cook: _____

Cooking Style:

Accompaniments:

🍴 _____
🍷 _____

Nutrition:

kcal: _____
Carbs: _____
Protein: _____
Fat: _____

Ingredients.

- _____
- _____
- _____
- _____
- _____
- _____

- _____
- _____
- _____
- _____
- _____
- _____

Method:

Ratings:

Difficulty: 1 2 3 4 5

Success: ☹ 😐 🙂

Notes:

Vegetarian ○   Free from: Gluten ○   Dairy ○   Sugar ○   Fat ○

87

Recipe for:

Ingredients:

- _____
- _____
- _____
- _____
- _____
- _____

- _____
- _____
- _____
- _____
- _____

Method:

_____
_____
_____
_____
_____
_____
_____
_____
_____
_____
_____
_____
_____
_____
_____

Origin:
🌍 / 👤 _____

Serves:
1   2   3   4   5   6   +

Time:
🕐 Prepare: _____
🕐 Cook: _____

Cooking Style:

Accompaniments:
🍴 _____
🍷 _____

Nutrition:
kcal: _____
Carbs: _____
Protein: _____
Fat: _____

Notes:

Ratings:
Difficulty: 1 2 3 4 5
Success:

88

Recipe for:

Origin:

🌐 / 👤 _____

Serves:

1 2 3 4 5 6 +

Time:

🕐 Prepare: _____

🕐 Cook: _____

Cooking Style:

Accompaniments:

🍴 _____

🍷 _____

Nutrition:

kcal: _____

Carbs: _____

Protein: _____

Fat: _____

Ratings:

Difficulty: 1 2 3 4 5

Success: ☹ 😐 🙂

Ingredients:

- _____
- _____
- _____
- _____
- _____
- _____

- _____
- _____
- _____
- _____
- _____
- _____

Method:

Notes:

Recipe for:

89

Ingredients:

- _____
- _____
- _____
- _____
- _____
- _____

- _____
- _____
- _____
- _____
- _____
- _____

Method:

_____
_____
_____
_____
_____
_____
_____
_____
_____
_____
_____
_____
_____
_____
_____

Origin:

🌐 / 👤 _____

Serves:

1 2 3 4 5 6 +

Time:

🕐 Prepare: _____
🕐 Cook: _____

Cooking Style:

Accompaniments:

🍴 _____
🍷 _____

Nutrition:

kcal: _____
Carbs: _____
Protein: _____
Fat: _____

Notes:

Ratings:

Difficulty: 1 2 3 4 5
Success: 😦 😐 😊

90

Recipe for:

Origin:

🌐/👤 _____

Serves:

1 2 3 4 5 6 +

Time:

🕐 Prepare: _____

🕐 Cook: _____

Cooking Style:

Accompaniments:

🍴 _____

🍾 _____

Nutrition:

kcal: _____

Carbs: _____

Protein: _____

Fat: _____

Ingredients:

- ....
- ....
- ....
- ....
- ....
- ....

- ....
- ....
- ....
- ....
- ....
- ....

Method:

Ratings:

Difficulty: 1 2 3 4 5

Success: ☹ 😐 ☺

Notes:

Recipe for:

Ingredients:

- ....
- ....
- ....
- ....
- ....
- ....

- ....
- ....
- ....
- ....
- ....
- ....

Method:

....
....
....
....
....
....
....
....
....
....
....
....
....
....

Origin:

Serves:

1 2 3 4 5 6 +

Time:

Prepare: _____

Cook: _____

Cooking Style:

Accompaniments:

Nutrition:

kcal: _____

Carbs: _____

Protein: _____

Fat: _____

Notes:

Ratings:

Difficulty: 1 2 3 4 5

Success:

92

Recipe for:

Origin:

🌐 / 👤 _____

Serves:

1 2 3 4 5 6 +

Time:

🕐 Prepare: _____

🕐 Cook: _____

Cooking Style:

Accompaniments:

🍴 _____

🍷 _____

Nutrition:

kcal: _____

Carbs: _____

Protein: _____

Fat: _____

Ratings:

Difficulty: 1 2 3 4 5

Success: ☹ 😐 ☺

Ingredients:

- _____
- _____
- _____
- _____
- _____
- _____

- _____
- _____
- _____
- _____
- _____
- _____

Method:

Notes:

Vegetarian O   Free from: Gluten O   Dairy O   Sugar O   Fat O

Recipe for:

Ingredients:

- _____
- _____
- _____
- _____
- _____
- _____

- _____
- _____
- _____
- _____
- _____

Method:

_____
_____
_____
_____
_____
_____
_____
_____
_____
_____
_____
_____
_____
_____

Notes:

Origin:

Serves:

1 2 3 4 5 6 +

Time:

Prepare: _____
Cook: _____

Cooking Style:

Accompaniments:

Nutrition:

kcal: _____
Carbs: _____
Protein: _____
Fat: _____

Ratings:

Difficulty: 1 2 3 4 5

Success: 😞 😐 😊

94

Recipe for:

Origin:

🌐/👤 _____

Serves:

1 2 3 4 5 6 +

Time:

🕐 Prepare: _____

🕐 Cook: _____

Cooking Style:

Accompaniments:

🍴 _____

🍷 _____

Nutrition:

kcal: _____

Carbs: _____

Protein: _____

Fat: _____

Ratings:

Difficulty: 1 2 3 4 5

Success: ☹ 😐 🙂

Ingredients:

- _____
- _____
- _____
- _____
- _____
- _____

- _____
- _____
- _____
- _____
- _____
- _____

Method:

Notes:

Recipe for:

Ingredients:

- _____
- _____
- _____
- _____
- _____
- _____

- _____
- _____
- _____
- _____
- _____
- _____

Method:

_____
_____
_____
_____
_____
_____
_____
_____
_____
_____
_____
_____
_____
_____

Origin:

🌍 / 👤 _____

Serves:

1   2   3   4   5   6   +

Time:

🕐 Prepare: _____
🕐 Cook: _____

Cooking Style:

Accompaniments:

🍴 _____
🍷 _____

Nutrition:

kcal: _____
Carbs: _____
Protein: _____
Fat: _____

Notes:

Ratings:

Difficulty: 1 2 3 4 5
Success: 😞 😐 😊

96

Recipe for:

Origin:
🌐/👤 _____

Serves:
1   2   3   4   5   6   +

Time:
🕐 Prepare: _____
🕐 Cook: _____

Cooking Style:

Accompaniments:
🍴 _____
🍷 _____

Nutrition:
kcal: _____
Carbs: _____
Protein: _____
Fat: _____

Ratings:
Difficulty: 1 2 3 4 5
Success: ☹ 😐 ☺

Ingredients:
- _____
- _____
- _____
- _____
- _____
- _____

- _____
- _____
- _____
- _____
- _____
- _____

Method:

Notes:

Vegetarian ○   Free from: Gluten ○   Dairy ○   Sugar ○   Fat ○

Recipe for:

97

Ingredients:

- _____
- _____
- _____
- _____
- _____
- _____

- _____
- _____
- _____
- _____
- _____

Method:

_____

_____

_____

_____

_____

_____

_____

_____

_____

_____

_____

_____

_____

Notes:

Origin:
🌐 / 👤 _____

Serves:
1   2   3   4   5   6   +

Time:
🕐 Prepare: _____
🕐 Cook: _____

Cooking Style:

Accompaniments:
🍴 _____
🍷 _____

Nutrition:
kcal: _____
Carbs: _____
Protein: _____
Fat: _____

Ratings:
Difficulty: 1 2 3 4 5
Success:

98

Recipe for:

Origin:

🌐 / 👤 _____

Serves:

1 2 3 4 5 6 +

Time:

🕐 Prepare: _____

🕐 Cook: _____

Cooking Style:

Accompaniments:

🍴 _____

🍷 _____

Nutrition:

kcal: _____

Carbs: _____

Protein: _____

Fat: _____

Ratings:

Difficulty: 1 2 3 4 5

Success: 😞 😐 😊

Ingredients:

- _____
- _____
- _____
- _____
- _____
- _____

- _____
- _____
- _____
- _____
- _____
- _____

Method:

Notes:

Recipe for:

Ingredients:

- _____
- _____
- _____
- _____
- _____
- _____

- _____
- _____
- _____
- _____
- _____
- _____

Origin:

🌐 / 👤 _____

Serves:

1 2 3 4 5 6 +

Time:

🕐 Prepare: _____
🕐 Cook: _____

Cooking Style:

Accompaniments:

🍴 _____
🍷 _____

Nutrition:

kcal: _____
Carbs: _____
Protein: _____
Fat: _____

Method:

_____
_____
_____
_____
_____
_____
_____
_____
_____
_____
_____
_____
_____

Notes:

Ratings:

Difficulty: 1 2 3 4 5

Success:

100

Recipe for:

Origin:

Serves:

1 2 3 4 5 6 +

Time:

Prepare: _____

Cook: _____

Cooking Style:

Accompaniments:

Nutrition:

kcal: _____

Carbs: _____

Protein: _____

Fat: _____

Ratings:

Difficulty: 1 2 3 4 5

Success: ☹ 😐 🙂

Ingredients:

- _____
- _____
- _____
- _____
- _____
- _____

- _____
- _____
- _____
- _____
- _____
- _____

Method:

Notes:

Notes:

Notes:

Temperature Conversion

Gas	°C	Fan °C	°F	Description
¼	110	90	225	Very cool
½	120	100	250	Very cool
1	140	120	275	Cool or slow
2	150	130	300	Cool or slow
3	160	140	325	Warm
4	180	160	350	Moderate
5	190	170	375	Moderately hot
6	200	180	400	Fairly hot
7	220	200	425	Hot
8	230	210	450	Very hot

Weight Conversion

g	oz	g	lb
15	½ oz	115	¼ lb
20	~¾ oz	225	½ lb
30	~1 oz	340	¾ lb
40	1 ½ oz	450	1 lb (16 oz)
50	1 ¾ oz	565	1 ¼ lb
60	2 oz	680	1 ½ lb
70	2 ½ oz	795	1 ¾ lb
80	2 ¾ oz	907	2 lb
90	3 oz	1,020	2 ¼
100	3 ½ oz	1,135	2 ½
115	4 oz	1,250	2 ¾

Volume Conversion

Imperial (British) Traditional	fl oz	Metric mls	fl oz	North American Traditional
1 teaspoon		5		1 teaspoon
1 dessert spoon		10		1 dessert spoon
1 tablespoon	½	15	½	1 tablespoon
	1	30	1	
	1 ¼	40	1 ¼	
	2	60	2	
	2 ½	70	2 ¼	
	3 ¼	90	3	
	3 ½	–100–	3 ½	
	4 ¼	120	4	½ cup / ¼ pint
¼ pint	5	140	4 ¾	
	5 ¼	–150–	5	
	6	170	5 ¾	
	6 ¼	180	6	
	7	–200–	6 ¾	
	7 ½	210	7	
	8	230	7 ¾	
	8 ½	240	8	1 cup / ½ pint
	8 ¾	–250–	8 ½	
½ pint	9 ¾	280	9 ½	
	10 ½	–300–	10	
	12	340	11 ½	
	12 ¼	–350–	11 ¾	1 ½ cups / ¾ pint
	14	–400–	13 ½	
	14 ½	410	13 ¾	
¾ pint	15	430	14 ½	
	15 ¾	–450–	15 ¼	
	16 ¼	470	16	2 cups / 1 pint
	17 ½	–500–	17	
1 pint	20	570	19 ¼	
	20 ¾	590	20	2 ½ cups / 1 ¼ pints
1 ¼ pints	25	710	24	3 cups / 1 ½ pints
	26 ½	–750–	25 ¼	
1 ½ pints	30	850	28 ¾	
	33	940	31 ¾	2 pints / 1 quart
	35 ¼	–1000–	33 ¾	
2 pints / 1 quart	40	1140	38 ½	

Printed in Great Britain
by Amazon